Das magische Baumhaus junior

Mary Pope Osborne

Der große Vulkanausbruch

Bisher erschienen:

Band 1: Abenteuer bei den Dinosauriern
Band 2: Auf der Spur der Ritter
Band 3: Die rätselhafte Mumie
Band 4: Suche nach dem Piratenschatz
Band 5: Das Geheimnis der Ninjas
Band 6: Verborgen im Dschungel
Band 7: Gefahr für das Mammut
Band 8: Die verlassene Mondstation
Band 9: Das Geheimnis der Delfine
Band 10: Ritt durch den Wilden Westen
Band 11: Im Reich der Löwen
Band 12: Rettung für die kleinen Eisbären
Band 13: Der große Vulkanausbruch
Band 14: Gefahr im Drachenreich
Band 15: Abenteuer bei den Wikingern
Band 16: Auf dem Pfad der Indianer
Band 17: Auf der Spur des Tigers
Band 18: Kleines Känguru in Gefahr
Band 19: Das Geheimnis von Olympia
Band 20: SOS auf der Titanic
Band 21: Rettung vor dem Wirbelsturm
Band 22: Flucht vor dem Erdbeben
Band 23: Lampenfieber vor dem großen Auftritt
Band 24: Gorilla-Baby in Not
Band 25: Bedrohung im Paradies
Band 26: König Artus und die Mission der Ritter
Band 27: Geheimauftrag im Spukschloss

Mary Pope Osborne

Das magische Baumhaus junior

Der große Vulkanausbruch

Aus dem Amerikanischen
übersetzt von Sabine Rahn
Illustriert von Jutta Knipping

Band 13

Loewe

*Für Louis de Wolf-Stein, der mich bat,
über Pompeji zu schreiben*

ISBN 978-3-7855-8936-6
Überarbeitete Neuausgabe des Titels *Im Schatten des Vulkans*
3. Auflage 2021

Aus dem Amerikanischen übersetzt von Sabine Rahn
Umschlag- und Innenillustrationen: Jutta Knipping
Umschlaggestaltung: Michael Dietrich
Printed in the EU

www.dasmagischebaumhaus.de
www.loewe-verlag.de

Inhalt

09:10

Geheimsprache

Philipp zog die Schublade auf und holte seine geheime Bibliothekskarte hervor. „Meister-Bibliothekar“, flüsterte er.

Philipp konnte es nicht fassen, dass er und seine Schwester Anne Meister-Bibliothekare waren.

Ob er die Karte mit in die Ferien nehmen sollte? Die Eltern wollten nämlich mit Philipp und Anne in die Berge fahren.

Anne steckte den Kopf in sein Zimmer.

„Wollen wir in den Wald?“, fragte sie.

Philipp und Anne gingen jeden Morgen in den Wald von Pepper Hill, um nachzusehen, ob Morgan, die Zauberin, mit ihrem magischen Baumhaus zurückgekehrt war.

„Okay", sagte Philipp.

Er schnappte seinen Rucksack mitsamt Notizbuch, Stift und seiner geheimen Bibliothekskarte und lief nach unten.

„Wir sind gleich zurück!", rief Anne.

„Geht nicht so weit", mahnte ihr Vater. „Wir wollen in zwanzig Minuten fahren."

„Keine Bange", sagte Anne.

Selbst wenn Morgan sie auf eine Zeitreise schickte, würden sie genau zum gleichen Zeitpunkt wiederkehren, zu dem sie aufgebrochen waren.

Philipp und Anne liefen zur Haustür hinaus.

„Ich hatte letzte Nacht einen Albtraum“, erzählte Anne.

„Was hast du geträumt?“, fragte Philipp.

„Alles war dunkel und verraucht und die Erde hat gebebt. War das eine Vorwarnung?“, fragte Anne besorgt.

„Nein.“ Philipp schüttelte den Kopf. „Albträume sind nur Träume. Die werden nicht wahr.“

Sie bogen in den Wald von Pepper Hill und gingen bis zur höchsten Eiche.

Und da war es, das Baumhaus. Morgan winkte ihnen aus einem Fenster zu.

„Seid gegrüßt, Meister-Bibliothekare!“, rief sie den Geschwistern zu.

Philipp und Anne machten den Spaß mit und verbeugten sich.

Sie packten die Strickleiter und kletterten nach oben. Dort sahen sie, dass Morgan ein Buch und ein Blatt Papier in der Hand hielt.

„Ich habe eine Aufgabe für euch“, sagte sie. „Ihr wisst ja, dass ich Bücher für die Bibliothek in Camelot sammle.“

Philipp und Anne nickten.

„Im Laufe der Jahrhunderte sind viele große Bibliotheken zerstört worden“, berichtete die Zauberin. „Und mit ihnen gingen viele wunderbare Geschichten für immer verloren. Aber ihr zwei könnt mithilfe des magischen Baumhauses einige der Geschichten retten. Zum Beispiel diese hier.“

Sie hielt das Blatt Papier hoch. Seltsame Worte standen darauf.

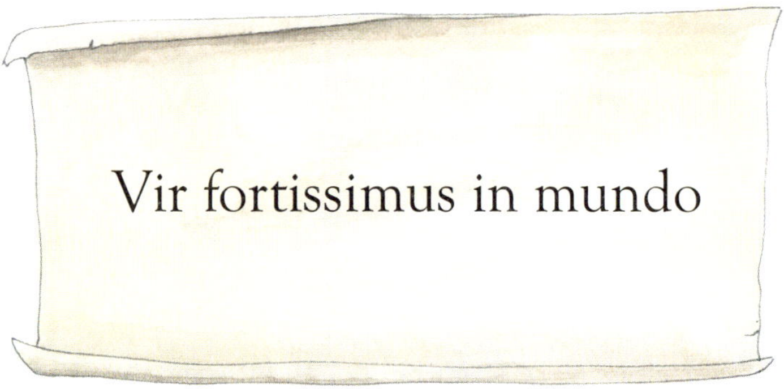

„Ist das eine Geheimsprache?“, fragte Philipp.

„Irgendwie schon“, antwortete Morgan. „Es ist der Titel einer verloren gegangenen Geschichte. Der Titel ist in Latein, die Sprache der alten Römer.“

„Alte Römer?“, wiederholte Philipp völlig begeistert.

„Ja“, bestätigte Morgan. „Diese Geschichte war in einer Bibliothek einer römischen Stadt. Ihr sollt sie für mich holen, ehe die Bibliothek zerstört wird.“

„Machen wir“, sagte Anne.

„Habt ihr eure Bibliothekskarten dabei?“, fragte Morgan.

„Ja“, antwortete Philipp.

„Gut. Verliert sie nicht. Die richtigen Leute werden wissen, was sie bedeuten“, sagte die Zauberin. „Und ich habe ein Buch, das euch helfen wird.“

Morgan reichte Philipp das Buch *Zu Zeiten der alten Römer*. Auf dem Umschlag war das Bild einer römischen Stadt.

„Und das ist der Titel der Geschichte, die ich brauche.“ Sie reichte Philipp das Blatt. Er steckte es in seinen Rucksack.

„Denkt daran: Dieses Buch wird euch leiten. Aber in eurer dunkelsten Stunde kann nur die alte Geschichte euch retten“, sagte Morgan eindringlich. „Doch zuerst müsst ihr sie finden.“

Philipp und Anne nickten.

„Geht jetzt“, sagte Morgan. „Vergesst nicht, was ich euch gesagt habe.“

„Danke“, sagte Philipp. Er deutete auf das Bild auf dem Buch und sagte: „Ich wünschte, wir wären dort.“

Wind kam auf.

„Ich sorge dafür, dass ihr nicht auffallen werdet!“, rief Morgan durch den Wind.

„Wie meinen Sie das?“, schrie Philipp zurück.

Doch ehe Morgan antworten konnte, drehte sich das Baumhaus.

Es drehte sich schneller und immer schneller.

Dann war plötzlich alles wieder still.

Totenstill.

„Hey, cool!“, sagte Anne.

„Schau nur, wie wir aussehen!“

Die römische Stadt Pompeji

Philipp öffnete die Augen und rückte seine Brille zurecht.

Er trug jetzt eine weiße Tunika mit einem Gürtel, geschnürte Sandalen und eine Ledertasche.

Er sah zu Anne hinüber. Sie war genauso gekleidet. Morgan hatte dafür gesorgt, dass sie aussahen wie die anderen Kinder in dieser römischen Stadt.

„Das muss Morgan gemeint haben, als sie sagte, dass wir hier nicht auffallen werden“, glaubte Philipp.

„Mir gefallen diese Kleider“, erwiderte Anne und sah aus dem Fenster.

Sie waren in einem kleinen Wäldchen gelandet. Auf der einen Seite des Wäldchens erhob sich ein sanfter Hügel. Auf

der anderen Seite waren die Dächer einer Stadt.

„Wo wir hier wohl sind?“, fragte Philipp. Er schlug das Buch über die Römer auf und las:

Vor fast 2 000 Jahren, am 24. August im Jahr 79 nach Christi Geburt, war die Hafenstadt Pompeji eine typisch römische Stadt. Viele Römer verbrachten hier ihre Ferien. Sie bauten große Häuser, die sie Villen nannten, und pflanzten Olivenhaine an den Hängen eines Berges, der Vesuv hieß.

Philipp schrieb in sein Notizbuch:

Ferien in Pompeji
24. August 79
nach Christi Geburt
Häuser heißen hier Villen

Er sah aus dem Fenster.

„Sieht aus, als wären wir in einem Olivenhain gelandet“, meinte Anne.

„Ja. Und die Stadt dort muss Pompeji sein“, folgerte Philipp.

Er drehte sich um. „Dieser Berg hier ist bestimmt der Vesuv.“

„Hey!“, rief Anne auf einmal. „Spürst du das auch?“

„Was?“, fragte Philipp.

„Die Erde hat gezittert. Und ein Grollen habe ich gehört“, sagte Anne.

Philipp runzelte die Stirn. „Das hast du dir nur eingebildet“, beruhigte er sie.

„Habe ich nicht!“, beharrte Anne. „Wir sollten nach Hause gehen.“

„Spinnst du?“, entfuhr es Philipp. „Wir müssen die verlorene Geschichte für Morgan finden. Außerdem wollte ich schon immer eine echte römische Stadt sehen.“

Anne seufzte tief. „Na gut. Ich hoffe, dass wir die Geschichte schnell finden“, sagte sie. Dann kletterten sie langsam die Strickleiter hinab.

Mit dem Vesuv im Rücken gingen sie in Richtung Pompeji.

Das Ende ist nahe

„Komisch“, sagte Anne, „ich höre gar keine Vögel.“

„Ach, mach dir keine Sorgen“, sagte Philipp. Er lief auf eine schmale hölzerne Brücke zu. Doch als sie am Fluss waren, sahen sie, dass er ausgetrocknet war.

„Das ist ja merkwürdig!“, fand Anne.

„Das heißt einfach, dass es nicht geregnet hat in letzter Zeit“, meinte Philipp.

Sie überquerten die Brücke und kamen auf eine belebte Straße.

Leute kauften in den Läden ein, die hier die Straße säumten. „Die Leute hier unterscheiden sich gar nicht so sehr von den Menschen in Pepper Hill“, dachte Philipp. „Nur die Kleider sind anders.“

„Wie sollen wir die alte Bücherei finden?“, fragte Anne und schaute sich um.

„Keine Ahnung“, erwiderte Philipp. „Wir müssen die Augen aufhalten.“

Sie gingen an Läden vorüber, in denen riesige Krüge standen. Philipp sah, dass sie voller Korn, getrockneter Früchte und Oliven waren.

Sie gingen an lauten Tavernen vorüber, in denen Leute aßen und tranken.

„Siehst du“, sagte Philipp, „wir müssen keine Angst haben. Hier ist es gar nicht so anders als bei uns.“

„Das meine ich nicht“, sagte Anne mit einem sorgenvollen Blick.

„Da ist ein Friseur und da ein Schuhgeschäft.“ Philipp zeigte mit dem Finger nach rechts.

„Fast wie zu Hause“, musste auch Anne zugeben.

Jetzt kamen sie auf einen großen, quadratischen Platz. Dort wimmelte es von Menschen, Karren, Pferden und Verkaufsständen.

Bauern verkauften Weintrauben, Knoblauch und Zwiebeln. Fischer boten Fisch an und einige Leute hielten Reden vor kleinen Menschengruppen.

„Das ist bestimmt das Forum“, vermutete Philipp.

Er holte das Buch aus seiner Tasche und fand ein Bild von dem Platz. Dann las er:

> Das Zentrum einer römischen Stadt hieß Forum. Es war der Hauptplatz, auf dem sich die Bürger trafen, um ihre Waren zu verkaufen und über Politik zu reden.

„Ich hatte recht“, sagte Philipp. Er zog sein Notizbuch hervor und schrieb:

Forum = Stadtzentrum

„Philipp“, flüsterte Anne und zog ihn an seiner Tunika. „Sieh doch!“

Er blickte auf und Anne nickte zu einer alten Frau, die zu ihnen herüberstarrte.

Sie trug einen schwarzen Umhang und ihr graues Haar war zerzaust.

Die Frau deutete mit ihrem knochigen Finger auf die beiden.

„Das Ende ist nahe“, sagte sie heiser. „Geht nach Hause, Fremdlinge!“

„Lass uns gehen“, sagte Philipp und steckte sein Buch wieder ein.

Sie gingen eilig weiter und die alte Frau brummelte hinter ihnen her.

Gladiatoren

Die Geschwister versteckten sich hinter einem Früchtestand. „Steht etwas in dem Buch über diese Frau?“, fragte Anne.

Philipp holte das Buch heraus. Er fand tatsächlich ein Bild der alten Frau und las vor:

Bei den Römern gab es Menschen, die in die Zukunft sehen konnten und andere vor dem warnten, was sie sahen. Diese Menschen nannte man Wahrsager.

„Siehst du“, meinte Anne, „sie wollte uns warnen. Genau wie mein Albtraum.“

„Wahrsager gehören in die Vergangenheit“, entgegnete Philipp. „Heutzutage glaubt niemand mehr daran.“

„Ich schon“, sagte Anne dickköpfig. „Irgendetwas Schreckliches wird geschehen.“

Philipp seufzte. „Komm weiter. Wir müssen die Bibliothek finden. Dann hauen wir wieder ab.“

„Einverstanden“, stimmte Anne ihm zu.

Sie gingen weiter über das Forum.

Als sie zu einem Gebäude mit großen Säulen kamen, fragte Anne: „Ist das die Bibliothek?“

Philipp suchte nach einem Bild von dem Gebäude und las vor:

Das ist der Tempel von Jupiter. Hier beteten die Menschen zu ihm und brachten ihm Geschenke. Heute bezeichnen wir die Geschichten über die Götter und Göttinnen als Mythen oder Sagen.

„Hey, vielleicht ist die Geschichte, die wir suchen sollen, ja auch ein Mythos!“, rief Philipp.

Sie verließen das Forum und bogen in eine breite Straße. Auf einmal blieb Philipp staunend stehen.

Riesige Krieger marschierten in einer Reihe die Straße entlang. Sie trugen verzierte Helme und schwere Schilde.

Wachen begleiteten sie.

„Gladiatoren“, flüsterte er.

Philipp suchte in seinem Buch und fand ein Bild von diesen starken Männern. Er las vor:

Gladiatoren waren Sklaven oder Verbrecher, die im Amphitheater kämpften. Sie mussten gegeneinander oder gegen wilde Tiere kämpfen. Die Menschen in Pompeji fanden Gladiatorenkämpfe unterhaltsam.

Philipp und Anne beobachteten, wie die Wachen die Gladiatoren wegführten. Sie gingen auf ein Gebäude zu, das aussah wie ein Sportstadion.

„Das muss das Amphitheater sein", sagte Philipp. „Komm, das sehen wir uns an!"

„Na gut", willigte Anne ein.

Philipp und Anne folgten den Gladiatoren. Doch eine der Wachen hielt sie mit seiner Lanze auf.

„Zutritt für Kinder verboten", sagte er. „Verzieht euch!"

Seltsame Zeichen und Dinge

„Flieht!“, zischte plötzlich eine heisere Stimme hinter ihnen.

Philipp und Anne drehten sich erschrocken um. Es war die Wahrsagerin. Sie fuchtelte mit ihren knochigen Fingern vor ihnen herum.

„Nicht die schon wieder!“, rief Philipp. „Lass uns gehen!“

„Warte“, erwiderte Anne. „Ich will mit ihr reden.“

„Bist du verrückt?“, fragte Philipp.

Ehe er sie aufhalten konnte, rannte Anne schon auf die Wahrsagerin zu.

„Philipp“, rief Anne, „komm her!“

„Oh Mann!“, seufzte er. Er ging zu Anne und der Wahrsagerin hinüber.

„Alle Flüsse in Pompeji sind ausgetrocknet“, sagte die Frau.

„Na und? Vielleicht muss es mal wieder regnen“, vermutete Philipp.

„Nein, da passieren auch andere seltsame Dinge“, widersprach Anne.

„Alle Vögel sind weggeflogen“, ergänzte die Wahrsagerin.

„Sie sagt, die Ratten sind auch weggezogen“, erzählte Anne.

„Aber wieso?“, fragte Philipp.

„Das Meer ist kochend heiß und die Erde bebt“, fuhr die alte Frau fort.

„Siehst du, ich habe es dir gleich gesagt!“, trumpfte Anne auf.

„Aber wieso geschehen diese Dinge?“, fragte Philipp die Wahrsagerin.

„Weil das Ende nahe ist“, flüsterte sie heiser.

„Wir müssen hier weg“, beharrte Anne.

„Und die Bibliothek?“, fragte Philipp.

„Was für eine Bibliothek?“, wollte die Wahrsagerin wissen.

„Zeig ihr den Titel der Geschichte, Philipp“, bat Anne.

Philipp zog das Blatt Papier aus seiner Tasche und zeigte es der alten Frau. „Ein Buch mit diesem Titel befindet sich in einer Bibliothek in dieser Stadt", erklärte er.

„Wir sind hier, um es zu retten", sagte Anne und zog ihre geheime Bibliothekskarte hervor.

Die Wahrsagerin sah auf die schimmernden Buchstaben.

„Jetzt verstehe ich", murmelte sie lächelnd. „Die einzige Bibliothek, von der ich weiß,

befindet sich im Haus von Brutus“, sagte sie und deutete auf eine Villa am Ende der Straße. „Sucht dort. Aber schnell! Brutus ist gerade in Rom.“

„Wir können doch nicht dort hingehen und etwas wegnehmen“, wandte Philipp ein.

Die alte Frau schüttelte den Kopf und sagte traurig: „Nach dem heutigen Tag wird von Pompeji nichts mehr übrig bleiben. Überhaupt nichts mehr!“

Philipp lief es kalt den Rücken runter.

„Geht und holt das Buch. Und dann macht euch auf nach Hause. Beeilt euch!“, sagte sie.

„Danke“, entgegnete Philipp. Er griff nach Annes Hand. „Komm!“

Wo sind die Bücher?

Philipp und Anne liefen zum Haupteingang des Hauses. Philipp öffnete die Tür.

„Geh rein. Schnell!“, flüsterte Anne.

Sie schlüpften hinein.

„Wir müssen in allen Zimmern nach Büchern suchen“, überlegte Anne. „Wo stecken sie bloß?“ Sie spähte in ein Zimmer. Dann ging sie zum nächsten Raum. „Bücher? ... Bücher ...“ Sie suchte im dritten Zimmer.

Philipp stolperte ihr hinterher. Obwohl sie schon in alle Zimmer reingeschaut hatte, sah er sich trotzdem noch mal um.

In den ersten beiden Zimmern standen hölzerne Betten.

Im dritten Raum war ein niedriger Tisch. Drei Sofas standen um den Tisch herum. Auf jedem Sofa lagen Kissen.

„Das muss das Esszimmer sein“, folgerte Philipp. „Die Römer haben sich zum Essen an den Tisch gelegt, wusstest du das, Anne?“

Aber Anne war nicht mehr da.

„Hey, Philipp! Komm her!“, rief sie.

Philipp folgte dem Klang ihrer Stimme. Sie war draußen. Hier wuchsen Palmen und Weinreben. In der Mitte stand ein Springbrunnen mit einer steinernen Meerjungfrau.

„Dort drüben ist noch eine Tür“, sagte Anne und ging durch den Innenhof.

Sie öffnete die Tür und spähte hinein. Entlang der Wände standen lange Regale voll mit Schriftrollen.

„Mist“, sagte Anne. „Wieder keine Bücher.“ Sie schloss die Tür hinter sich. „Komm, gehen wir.“

„Warte“, sagte Philipp. Er zog das Buch über die alten Römer aus seiner Tasche und suchte ein Kapitel mit der Überschrift *Schreiben*. Er las:

> Zum Schreiben benutzten die Römer dünne Schilfhalme. Als Tinte verwendeten sie zum Teil die Tinte von Tintenfischen. Ihre Bücher schrieben sie auf Papyrusrollen.

„Das ist also eine Bibliothek von Schriftrollen. Ich wette, dass wir unsere alte Geschichte dort drin finden werden“, vermutete Philipp.

Das Ende ist da

Philipp machte die Tür zu dem Raum mit den Schriftrollen wieder auf. Er zog das Blatt Papier hervor, auf dem der lateinische Titel stand: *Vir fortissimus in mundo*.

„Okay“, sagte er, „wir müssen die Rolle mit diesem Titel finden.“

Eilig fingen sie an, die Schriften aufzurollen. Sie waren alle in lateinischer Sprache.

„Ich hab sie!“, rief Anne.

Sie hielt die Rolle hoch. Die Worte am Anfang waren dieselben wie die auf Philipps Blatt.

„Super", sagte Philipp.

Sie reichte ihm die Rolle und lief aus dem Zimmer.

„Komm, beeil dich!", drängte sie.

„Gleich", sagte Philipp. „Ich will nur noch schnell nachschauen, um was es in der Geschichte geht."

Er steckte die Schriftrolle in die Ledertasche, blätterte in dem Buch und suchte nach der Abbildung einer altertümlichen Schriftrolle. Stattdessen fand er in der Mitte des Buches das Bild eines Vulkans, der direkt über einer Stadt ausbrach. Unter dem Bild stand:

800 Jahre lang war der Vesuv ein friedlicher Berg, an dessen Fuße die Stadt Pompeji lag. Doch gegen Mittag des 24. Augusts im Jahre 79 nach Christi brach er aus und verwandelte sich in einen gefährlichen Vulkan.

„Oh nein“, flüsterte Philipp. „Der 24. August … das Jahr 79 … Das ist heute! Oh Mann! Wie spät ist es?“ Er sah sich suchend um. „Anne!“ Aber seine Schwester war verschwunden.

Philipp schnappte sich seine Ledertasche, umklammerte das Buch und rannte aus dem Schriftrollen-Zimmer.

„Anne!“, schrie er.

„Was ist?“, fragte sie und tauchte in der Tür zum Esszimmer auf.

„Ein Vulkanausbruch ... gegen Mittag!“, stammelte Philipp.

„Das hat die Wahrsagerin also gemeint, als sie sagte, das Ende sei nahe“, flüsterte Anne.

„Wie spät ist es?“, fragte Philipp aufgeregt. Er sah sich um.

Dann entdeckte er etwas neben dem Meerjungfrauen-Springbrunnen.

„Eine Sonnenuhr!“, rief er. „So haben die Römer die Zeit gemessen.“

„Welche Uhrzeit zeigt sie an?“, fragte Anne.

„Keine Ahnung“, erwiderte Philipp.

Mit zitternden Händen blätterte er in seinem Buch, bis er das Bild einer Sonnenuhr fand.

Dann las er:

Der Schatten auf der Sonnenuhr ist am Mittag kaum zu sehen.

„Oh Mann“, flüsterte er und sah Anne entsetzt an. „Das Ende ist nah – das Ende ist da!“

Genau in dem Augenblick hörten sie einen entsetzlichen Knall.

Ein Albtraum wird wahr

Das Nächste, woran Philipp sich erinnern konnte, war, dass er auf den Steinen des Innenhofes lag und der Boden zitterte. Er hob den Kopf. Anne lag auch auf dem Boden.

„Ist dir etwas passiert?“, fragte Anne.

Philipp schüttelte den Kopf.

Alles um sie herum wackelte und stürzte zu Boden: die Töpfe, die Pflanzen, der Springbrunnen … „Wir gehen besser rein!“, rief Philipp.

Sie stolperten zurück in die Schriftrollen-Bibliothek.

Gewaltige Risse zogen sich durch den Steinfußboden, als die beiden zum Fenster liefen und hinausschauten.

Glühende Felsen wurden über dem Vesuv in den Himmel geschleudert.

„Was geschieht dort draußen?“, fragte Anne ängstlich.

„Ich lese mal nach …“, antwortete Philipp und zog mit zitternden Fingern das Buch aus

der Tasche. Dann las er aus dem Kapitel über Vulkane:

Bei einem Vulkanausbruch wird Magma, das ist geschmolzener Stein, an die Erdoberfläche gedrückt. Sobald das Magma außerhalb des Vulkans ist, nennt man es Lava.
Beim Ausbruch des Vesuv gab es keine Lavaströme. Das Magma aus dem Vulkan kühlte so schnell ab, dass es zu grau-weißen Bimssteinen gefror. Bimsstein ist ein ganz leichter Stein mit Löchern drin, wie ein Schwamm.

„Das hört sich gar nicht so schlimm an“, fand Anne erleichtert.

„Da steht noch mehr“, sagte Philipp. Er las weiter:

Eine große Wolke aus Bimsstein, Asche und brennenden Steinen schoss aus dem Vulkan meilenweit in die Luft. Als sie über Pompeji niederging, begrub sie die gesamte Stadt unter sich.

„Oh Mann“, sagte Philipp. „Das ist eine Katastrophe!“

Er sah aus dem Fenster. Eine dicke schwarze Wolke spannte sich wie ein Regenschirm über die Stadt.

„Das muss die Wolke aus Asche und Bimsstein sein“, sagte Philipp.

Von der Decke bröckelten große Klumpen Mörtel ab und fielen auf die Schriftrollen.

„Wir müssen hier raus!“, schrie Anne.

Sie rannten in den Garten. Es regnete Asche und Bimsstein.

„Wir müssen unsere Köpfe bedecken!“, rief Philipp. Sie rannten in das Esszimmer.

„Schau, die Kissen!“, sagte Anne. „Die können wir uns auf den Kopf legen.“

„Binde dir das Kissen mit dem Gürtel um den Kopf!“, wies Philipp Anne an.

Mit den Gürteln ihrer Tuniken banden sie sich die Kissen fest.

Ein Brocken aus der Decke krachte neben ihnen zu Boden.

„Raus hier!“, rief Philipp.

Als sie hinaustraten, regnete es Bimsstein auf ihre Kissen-Hüte.

„Los!“, schrie Anne.

Und sie rannten auf die dunkle, brennende Straße.

In der Ferne brach eine Feuerwolke aus dem Vesuv. Brennende Steine fielen vom Himmel.

Auf dem Forum rannten die Menschen wild durcheinander. Die Verkaufsstände waren alle zusammengebrochen.

„Hierher!", rief Anne.

Philipp rannte ihr hinterher, vorbei am Tempel des Jupiter, dessen mächtige Säulen umgefallen waren.

„Wo lang jetzt?“, fragte Anne.

„Das Baumhaus ist in dem Olivenhain“, erinnerte sich Philipp beim Rennen.

Er sah zu dem bebenden Berg. Auf den Hängen brannte alles lichterloh.

„Wir müssen in Richtung Vesuv laufen“, sagte Philipp. „Als wir nach Pompeji kamen, war der Berg hinter uns.“

„Du hast recht!“, stimmte Anne zu.

Während andere vom Vesuv wegrannten, liefen Anne und Philipp auf ihn zu und ließen die leeren Läden hinter sich.

Rettung in letzter Sekunde!

Je näher sie dem Vulkan kamen, desto heftiger bebte die Erde und umso dunkler und staubiger wurde es.

Philipp musste wegen der schlechten Luft husten.

„Da ist der Olivenhain!“, rief Anne erleichtert. „Dort steht das Baumhaus. Komm, schnell!“

Sie konnten kaum noch etwas sehen.

„Wo ist die Brücke?“, schrie Anne.

Sie sahen sich verzweifelt um. Die Brücke war verschwunden.

„Sie muss eingestürzt sein!“, rief Anne.

Die beiden starrten in das ausgetrocknete Flussbett. Bimsstein hatte sich wie Schnee zu Verwehungen aufgehäuft.

„Wir müssen da durch“, sagte Philipp.

Die beiden Geschwister stolperten das Ufer hinab in den Fluss aus Bimsstein. Philipp versuchte, durch die Millionen warmer, gräulich weißer Kiesel zu waten. Doch er steckte fest.

„Ich komme nicht vorwärts!“, rief Anne.

„Ich auch nicht!“, krächzte Philipp.

„Erinnerst du dich an das, was Morgan zu uns gesagt hat?“, fragte Anne.

Aber Philipp konnte sich an gar nichts erinnern.

„‚In eurer dunkelsten Stunde kann nur die alte Geschichte euch retten'", wiederholte Anne Morgans Worte. „Wo ist deine Tasche?"

Philipp hob seine Tasche hoch über das Meer aus Bimsstein-Kieseln. Anne griff nach

der Tasche und zog die alte Schriftrolle hervor. „Rette uns, Geschichte!", schrie sie.

Plötzlich hörte Philipp eine tiefe Stimme sagen: „Steh auf, Junge!"

Dann hob ihn jemand in die Luft.

Ein feuriger Blitz erhellte die Dunkelheit. Philipp erblickte den größten und stärksten Mann, den er je gesehen hatte.

Er sah aus wie ein Gladiator, nur größer als die, die sie am Morgen gesehen hatten.

Im einen Arm hielt er Anne und im anderen Philipp. Er setzte beide am anderen Ufer ab.

„Rennt!“, donnerte der Gladiator. „Bevor es zu spät ist!“

Philipp und Anne rannten durch den Olivenhain und gelangten schließlich zum magischen Baumhaus.

Sie kletterten die Strickleiter hoch.

„Wo ist das Pennsylvania-Buch?“, fragte Philipp.

Vor lauter Asche konnte er das Buch nicht finden.

„Ich hab es!“, schrie Anne. „Ich wünschte, wir könnten dorthin reisen!“

Philipp merkte, wie das Baumhaus sich drehte.

Es drehte sich schneller und immer schneller.

Dann war alles still.

Totenstill.

Eine erstaunliche Erklärung

„Luft!“, jubelte Anne.

Und auch Philipp konnte nicht genug bekommen von der frischen, kühlen Luft. Er öffnete die Augen und das Erste, was er sah, war sein Rucksack. Die weißen Tuniken und die geschnürten Sandalen waren verschwunden – ebenso wie die Kissen-Hüte und die Ledertasche.

Philipp seufzte tief. Als er die Brille mit seinem T-Shirt sauber machte, vernahm er hinter sich eine Stimme.

„Ich bin ja so froh, dass ihr wieder zurück seid!“ Morgan stand in einer Ecke des Baumhauses. „Seid ihr auch froh, wieder zu Hause zu sein?“, fragte sie.

Philipp nickte. Das Donnern des ausbrechenden Vulkans dröhnte ihm immer noch in den Ohren.

„Es war unheimlich“, sagte er heiser.

„Ich weiß“, sagte Morgan. „Aber ihr wart ungeheuer mutig! Ihr habt eines der bekanntesten Ereignisse in der Geschichte miterlebt.“

„Mir tun all diese Leute leid“, sagte Anne.

„Ja“, erwiderte Morgan. „Aber die meisten Leute aus Pompeji konnten entkommen.“

„Fast hätten wir in der Falle gesessen“, erzählte Anne. „Aber dann haben wir die alte Geschichte gebeten, uns zu helfen. Und ein riesiger Gladiator kam uns zu Hilfe.“

Philipp fasste in seinen Rucksack. Er seufzte erleichtert,

die Schriftrolle war drin. Sie war immer noch voller Staub und Asche.

„Hier ist die Geschichte“, sagte er und reichte sie Morgan.

„Ich bin euch so dankbar“, sagte sie leise. „Das werde ich nie vergessen.“

„Gern geschehen“, sagte Philipp.

Morgan lächelte. „Ihr seid ganz erstaunliche Meister-Bibliothekare“, sagte sie. „Würdet ihr vielleicht noch eine Geschichte für mich retten?“

„Klar!“, rief Anne.

„Sofort?“, fragte Philipp. Er war ein bisschen erschöpft.

Morgan lachte. „Nein. Macht erst einmal Ferien. Wenn ihr wiederkommt, werdet ihr ins alte China reisen“, sagte sie.

„Super!“, freute sich Anne.

„Oh Mann!“, rief Philipp.

„Jetzt geht und ruht euch aus“, meinte Morgan. Sie reichte Philipp seinen Rucksack.

„Danke“, sagte er.

„Wiedersehen“, sagte Anne.

Morgan winkte.

Dann kletterten Anne und Philipp aus dem Baumhaus. Als sie unten ankamen, schaute Philipp noch einmal hinauf.

„Morgan!“, rief er. „Wovon handelt die Geschichte, die wir gerade gerettet haben?“

„Sie heißt *Der stärkste Mann*

der Welt. Es ist eine der verlorenen Geschichten über Herkules. Er war einer der großen Helden der Römer und Griechen", erklärte sie.

„Irre! Jetzt kapiere ich!", sagte Anne.

„Ich bringe die Geschichte an den Hof von Camelot", verkündete Morgan. „Dank euch kann sie nun jeder dort lesen." Sie winkte ihnen zu.

Wind kam auf. Das Baumhaus fing an, sich zu drehen. Und dann verschwanden Morgan und das magische Baumhaus.

Philipp und Anne liefen durch den Wald.

„Hast du verstanden? Herkules hat uns gerettet", erklärte Anne. „Wir haben die

Geschichte gebeten, uns zu helfen – und dann ist Herkules aufgetaucht!“

„Das ist unmöglich“, widersprach Philipp. „Das war ein Gladiator. Die Geschichte von Herkules ist nur eine Sage!“

„Ich weiß“, sagte Anne. „Aber ich habe eine Erklärung.“

„Welche denn?“, fragte Philipp.

„Herkules ist für die Leute in unserer Zeit eine Sagengestalt“, begann Anne, „aber bei den alten Römern glaubten eine Menge Leute, dass es ihn gab. Und

da wir bei den Römern waren, war er auch für uns echt."

Philipp sah hinauf zum Himmel. „Danke, Herkules", flüsterte er. „Egal, ob echt oder nicht."

„Anne! Philipp!", rief ihr Vater von der Veranda aus. „Wir wollen fahren!"

„Das habe ich fast vergessen", sagte Philipp.

„Beeilt euch!", rief ihr Vater.

Und kaum zu Hause, brachen sie schon wieder auf – zu hoffentlich geruhsamen Ferien!

Mary Pope Osborne lernte schon als Kind viele Länder kennen. Mit ihrer Familie lebte sie in Österreich, Oklahoma, Florida und anderswo in Amerika. Nach ihrem Studium zog es sie wieder in die Ferne und sie reiste viele Monate durch Asien. Schließlich begann sie zu schreiben und ist damit außerordentlich erfolgreich. Bis heute sind schon über fünfzig Bücher von Mary Pope Osborne erschienen. *Das magische Baumhaus* ist in den USA und in Deutschland eine der beliebtesten Kinderbuchreihen.

Jutta Knipping, geboren 1968, hat erst eine Ausbildung zur Druckvorlagenherstellerin absolviert, bevor sie in Münster Visuelle Kommunikation studierte. Schon während ihres Studiums hat sie erste Bücher illustriert. Mittlerweile ist sie freiberuflich als Grafikdesignerin und Illustratorin tätig. Jutta Knipping lebt mit ihrem Mann und zwei Kindern in der Nähe von Osnabrück und lässt sich von ihren Katern Leo und Micki gern bei der Arbeit zugucken.

Das magische Baumhaus junior

Band 24
ISBN 978-3-7432-0766-0

Band 25
ISBN 978-3-7432-0958-9

Band 26
ISBN 978-3-7432-0959-6

Band 27
ISBN 978-3-7432-0960-2